Inhalt

Die Asiatisch-Pazifische Partnerschaft für saubere Entwicklung und Klima (AP6) - Alternative oder Ergänzung zu Kyoto?

Kernthesen

Beitrag

Fallbeispiele

Weiterführende Literatur

Impressum

Die Asiatisch-Pazifische Partnerschaft für saubere Entwicklung und Klima (AP6) - Alternative oder Ergänzung zu Kyoto?

I.Zeilhofer-Ficker

Kernthesen

- Im Juli 2005 wurde unter der Führung der Vereinigten Staaten und Australien die Asiatisch-Pazifische Partnerschaft für saubere Entwicklung und Klima geschlossen.
- Dieses Bündnis will über freiwillige

Vereinbarungen zur Entwicklung und Verbreitung neuer Technologien eine Reduzierung von Treibhausgasemissionen erreichen.
- Im Gegensatz zu Kyoto bezieht das Bündnis aufstrebende Schwellenländer wie China und Indien mit ein.
- Obwohl die Teilnehmerstaaten betonen, das Bündnis sei als Ergänzung zu Kyoto zu sehen, befürchten Kritiker, dass die USA und Australien damit eine Alternative zu Kyoto schaffen wollen.

Beitrag

George Bush entdeckt den Klimaschutz! Ein loses Bündnis von sechs Pazifik-Anrainerstaaten will dem Klimawandel durch technologischen Fortschritt und Technologietransfer begegnen.

Kyoto-Gegner im Zugzwang

Schon als in den 90er Jahren vor der von Menschen verursachten Klimaerwärmung gewarnt wurde, zeichneten sich die Vereinigten Staaten vor allem durch Skepsis gegenüber den Befürchtungen aus.

Jegliche bindende Verpflichtungen zur Reduzierung des Energieverbrauchs und der dadurch entstehenden Treibhausgase wurden von Anfang an abgelehnt. Trotzdem unterzeichnete die USA die UN-Klimarahmenkonvention von 1992, in der sich die Vertragsstaaten zum Klimaschutz bekennen. (1), (2)

Das Kyoto Protokoll von 1997 verpflichtet die Industriestaaten zu einer Reduzierung von klimaschädlichen Emissionen um 5,2 Prozent bis zum Jahr 2012 gegenüber dem Basisjahr 1990. Obwohl der damalige Präsident der USA Clinton diese Vereinbarung mit unterzeichnete, wurde sie nie von den amerikanischen Volksvertretern ratifiziert. Ja, ganz im Gegenteil die Regierung Bush sieht in Kyoto eine unakzeptable Belastung für die amerikanische Wirtschaft. Einen gleich gesinnten Partner fand die USA in Australien, das ebenso wie Amerika Kyoto unterschrieben aber nicht ratifiziert hat und jegliche Reduktionsverpflichtung ablehnt. (1), (2)

Die Gründe dafür dürften in der Tatsache liegen, dass beide Staaten einen gewaltigen Energiehunger haben, der vorwiegend über fossile Brennstoffe wie Erdöl und Kohle gestillt wird. Da Kohle und Öl bei der Verbrennung aber enorme Mengen an Kohlendioxid freisetzen, gehören beide Länder zu den Hauptluftverschmutzern der Welt. Die Auswirkungen wie die jährlich wiederkehrenden verheerenden

Waldbrände in Australien und im Westen der USA sowie Hurrikans in nie gekannter Stärke haben nun allerdings dazu geführt, dass beide Länder die Notwendigkeit von Maßnahmen zum Klimaschutz akzeptieren und zu weiteren Schritten bereit sind. In seiner Rede zur Lage der Nation im Februar 2006 forderte George Bush sogar, die Nutzung von alternativen Energien drastisch zu erhöhen. (3), (4), (17)

Die Vereinbarungen der Asiatisch-Pazifischen Partnerschaft für saubere Entwicklung und Klima (AP6)

Im Sommer 2005 wurde zwischen den Vereinigten Staaten, Australien, China, Indien, Japan und Südkorea die Asiatisch-Pazifische Partnerschaft für saubere Entwicklung und Klima (AP6) geschlossen. Diese sechs Länder sind zusammen für 49,4 Prozent der globalen Kohlendioxid-Emissionen verantwortlich. Zusammen stehen sie für 45,6 Prozent des Erdölverbrauchs und 64,5 Prozent der Weltkohleproduktion. Gleichzeitig weisen die beteiligten Länder außer Japan eine sehr geringe

Energieeffizienz auf. (4), (5)

Ziel des Klimapaktes ist es, durch freiwillige Vereinbarungen die technologische Entwicklung von sauberer Energiegewinnung voranzutreiben. Durch Technologietransfer in wirtschaftlich schwächere Länder wie China oder Indien soll der Klimaschutz auch in diesen Ländern zu möglichst geringen Kosten ermöglicht werden. Durch diese technische Zusammenarbeit glaubt man, die Treibhausgas-Emissionen noch in diesem Jahrhundert um 50 Prozent senken zu können. (6), (7)

In einem ersten Ministertreffen der AP6-Staaten im Januar 2006 nahmen deshalb auch zahlreiche Vertreter von Privatunternehmen aus dem Energiesektor teil, auf die große Hoffnungen gesetzt werden. Mit staatlicher Unterstützung sollen neuen Technologien entwickelt und bestehende verbessert werden, damit langfristig die CO2-Emissionen verringert werden können. Die Einbindung der Energieunternehmen soll dem Prinzip Rechnung tragen, dass die Verursacher auch für die Lösung des Problems verantwortlich sind. (8)

Schwerpunktmäßig soll vor allem an der Entwicklung von Clean-Coal-Anlagen, also der Energiegewinnung aus Kohle ohne Treibhausgasemissionen, sowie von modernen Atomkraftwerken gearbeitet werden. Auch die Zement- und Aluminiumerzeugung sollen energieeffizienter werden. Alternative Energiegewinnung aus beispielsweise Sonne oder Windkraft stehen zwar auch auf der Liste, haben aber keine große Priorität. Die USA und Australien wollen rund 127 Millionen US Dollar in diesen Entwicklungsprozess investieren. (9), (10), (11), (15)

Hauptziel von AP6 ist dabei, den Klimaschutz ohne negative Auswirkung auf die wirtschaftliche Entwicklung eines Landes zu verfolgen. Der Verzicht auf billige Energien sei der Wirtschaft nicht zuzumuten und wird daher abgelehnt. (11), (12)

Ergänzung oder Alternative zu Kyoto?

Während die Unterzeichnerstaaten ausdrücklich darauf hinweisen, dass AP6 als Ergänzung zu Kyoto zu sehen sei, bezeichnen Kyoto-Verfechter die Vereinbarung als reines Feigenblatt, dass zur Abschaffung von Kyoto führen soll. In der Kritik steht die Tatsache, dass alle Vereinbarungen auf Freiwilligkeit basieren und keine Mengen- oder Zeitziele setzen. Man befürchtet, dass die AP6 Staaten weitere Länder aus der Kyoto-Vereinbarung abziehen könnten, was das Bündnis weiter schwächen oder gar zu Fall bringen könnte. Denn noch ist erst Japan von den Kyoto-Verpflichtungen betroffen, für den Zeitraum nach 2012 will man aber auch Reduktionsziele für Schwellenländer wie China oder Indien festlegen. Und die Kosten, die Kyoto-Maßnahmen verursachen sind nicht unerheblich. (3), (13)

Außerdem wird der Fokus auf Kohle und Atomkraft bemängelt und Kritiker gehen davon aus, dass Australien und die USA nur ihre umfangreichen Kohle-, Öl- und Uranexporte sichern wollen. Den alternativen Energieformen wie Solar- oder Windkraft wird (zu) wenig Aufmerksamkeit gezollt. (7), (11)

Für AP6 spricht allerdings die Tatsache, dass mit diesem Bündnis die Hauptemittenten von Klimagasen unter einen Hut gebracht worden sind. Auch China und Indien, die zwar Kyoto unterzeichnet haben, aber noch keinen Reduktionsverpflichtungen unterliegen, erhalten hier die Möglichkeit zum Aufbau einer umweltfreundlichen Energiewirtschaft. Durch die Freiwilligkeit und die Einbindung von Privatunternehmen verspricht man sich schnellere Erfolge zu geringeren Kosten. Dass man moderne Umweltschutztechnik außerdem noch gewinnbringend in Entwicklungsländer exportieren kann, ist natürlich auch für die Wirtschaftsbosse interessant. (14), (15), (16), (18)

Fallbeispiele

Vor allem Australien kommt die steigende Nachfrage nach neuen Atomkraftwerken sehr gelegen. Schließlich befinden sich rund 40 Prozent der weltweiten Uranvorkommen in Australien. Schon hat man mit einer Ausweitung der Uranförderung begonnen. Steigende Kurse bei den australischen Uranförderern wie Energy Resources of Australia (ERA), BHP Billiton, Paladin Resources und Deep Yellow zeugen von den Erwartungen der Anleger, dass diese Firmen künftig gute Marktchancen finden und gute Gewinne erzielen werden. (21)

Schon im Sommer 2006 wird man in Ketzin unter der Leitung des Geoforschungszentrums Potsdam versuchen, abgeschiedenes Kohlendioxid in den Untergrund zu pressen und dort zu lagern. Denn noch ist es unklar, ob sich ausgediente Kohle-, Erdgas- oder Erdölfelder tatsächlich zur Lagerung von großen Mengen CO_2 eignen. Außerdem wird man 2008 in Brandenburg eine erste Pilotanlage eines CO_2-freien Kohlekraftwerkes, also einer Clean Coal

Anlage, in Betrieb nehmen. Hier soll das entstehende CO_2 verdichtet und abgeschieden werden und in verflüssigtem Zustand zu einer Lagerstätte unter Erde verbracht werden. (22)

Weiterführende Literatur

(1) Konvergenz im Klimaschutz
aus Neue Zürcher Zeitung, 17.12.2005, Nr. 295, S. 3

(2) Wirtschaft streitet über Klimaschutz
aus Handelsblatt Nr. 231 vom 29.11.05 Seite 3

(3) Bessere Alternative zum Kyoto-Protokoll USA gewinnen die größten Umweltsünder der Welt für den Asiatisch-Pazifischen Klimapakt - Analyse
aus DIE WELT, 13.01.2006, Nr. 11, S. 12

(4) Ein Alternativentwurf für den Klimaschutz
aus Frankfurter Allgemeine Zeitung, 28.07.2005, Nr. 173, S. 11

(5) Amerika lobt Klimabündnis
aus Frankfurter Allgemeine Zeitung, 13.08.2005, Nr. 187, S. 10

(6) Klimaschutz-Initiative der Pazifik-Anrainer Ergänzung oder Konkurrenz zum Kyoto-Protokoll?
aus Neue Zürcher Zeitung, 29.07.2005, Nr. 175, S. 5

(7) O. V., USA planen eigenes Klimabündnis, Spiegel

Online, 27.07.2005
aus Neue Zürcher Zeitung, 29.07.2005, Nr. 175, S. 5

(8) Industriepolitische Offensive gegen das Kyoto-Protokoll Industriepolitische Offensive gegen das Kyoto-Protokoll USA, China und andere Staaten wollen Klimawandel durch Förderung neuer Techniken - Konferenz in Sydney
aus DIE WELT, 12.01.2006, Nr. 10, S. 11

(9) Klimagipfel der Pazifik-Anrainer in Sydney Technologie-Offensive als Alternative zu "Kyoto"
aus Neue Zürcher Zeitung, 12.01.2006, Nr. 9, S. 5

(10) Treffen der Technikgläubigen im Klimastreit
aus Tagesanzeiger vom 12.01.2006 Seite 5

(11) Vorrang für Öl und Kohle
aus Süddeutsche Zeitung, 13.01.2006, Ausgabe Deutschland, S. 7

(12) US-KLIMAPOLITIK Ein eigener Pakt gegen den Treibhauseffekt ENERGIE - Steigende Ölpreise verärgern nicht allein Amerikas Autofahrer. Die hohen Spritkosten heizen auch die Inflation an. Langsam setzt ein Umdenken ein. Regierung und Wirtschaft sprechen plötzlich von Energieeffizienz.
aus Berliner Zeitung, Ausgabe 195 vom 22.08.2005, S. 2

(13) Gipfel-Aussichten
aus Frankfurter Allgemeine Zeitung, 28.11.2005, Nr. 277, S. 11

(14) Klimakonferenz sichert Kioto-Prozess Teilnehmer einigen sich in Montreal auf neue Verhandlungen · US-Regierung sagt Teilnahme an informellen Gesprächen zu
aus Financial Times Deutschland vom 12.12.2005, Seite 17

(15) Klimagipfel in Sydney
aus Frankfurter Allgemeine Zeitung, 12.01.2006, Nr. 10, S. 5

(16) Klimaschutz / Von Daniel Wetzel Kyoto ist das falsche Instrument
aus DIE WELT, 30.11.2005, Nr. 280, S. 8

(17) Rede: George W. Bush will mehr Umweltschutz Der US-Präsident mit leisen Tönen Mit seiner Rede zur Lage der Nation will Bush offenbar einen Neuanfang versuchen. Beim Thema Irak blieb er aber hart.
aus Hamburger Abendblatt, 02.02.2006, Nr. 28, S. 5

(18) Washington gegen Verhandlungen
aus Frankfurter Allgemeine Zeitung, 09.12.2005, Nr. 287, S. 6

(19) POSITIONEN // Jobkiller Kyoto // Beim Klimaschutz müssen neue Wege beschritten werden
aus Der Tagesspiegel Nr. 19053 VOM 22.12.2005 SEITE 006

(20) Klimapolitik mit Zuckerbrot oder Peitsche?

Offene Fragen für die Wirtschaft nach dem "Sydney-Gipfel"
aus Neue Zürcher Zeitung, 13.01.2006, Nr. 10, S. 23

(21) Brenner, Beatrice, Australien will China mit Uran versorgen, Finanz und Wirtschaft, 25.01.2006, S. 32
aus Neue Zürcher Zeitung, 13.01.2006, Nr. 10, S. 23

(22) Odenwald, Michael, Energietechnik Treibhausgas, ab in die Gruft, FOCUS, 23.01.2006, Ausgabe 04, S. 72 - 76
aus Neue Zürcher Zeitung, 13.01.2006, Nr. 10, S. 23

Impressum

Die Asiatisch-Pazifische Partnerschaft für saubere Entwicklung und Klima (AP6) - Alternative oder Ergänzung zu Kyoto?

Bibliografische Information der deutschen Nationalbibliothek

Die Deutsche Nationalbibliothek verzeichnet diese Publikation in der deutschen Nationalbibliografie; detaillierte bibliografische Daten sind im Internet über http://dnb.d-nb.de abrufbar.

ISBN: 978-3-7379-1460-4

© 2015 GBI-Genios Deutsche Wirtschaftsdatenbank GmbH, Freischützstraße 96, 81927 München, www.genios.de

Alle Rechte vorbehalten. Dieses Werk ist einschließlich aller seiner Teile – z.B. Texte, Tabellen und Grafiken - urheberrechtlich geschützt. Jede Verwertung außerhalb der Grenzen des Urheberrechtsgesetzes bedarf der vorherigen

Zustimmung des Verlags. Dies gilt insbesondere auch für auszugsweise Nachdrucke, fotomechanische Vervielfältigungen (Fotokopie/Mikroskopie), Übersetzungen, Auswertungen durch Datenbanken oder ähnliche Einrichtungen und die Einspeicherung und Verarbeitung in elektronischen Systemen.